AF359957

EXTRAIT D'UNE LETTRE

SUR L'ETAT ACTUEL

DES ARTS LIBERAUX

ET MÉCHANIQUES,

EN ANGLETERRE,

Ecrite de Londres

PAR M. PINGERON,

Capitaine d'Artillerie au Service de Pologne,

A UN ARTISTE DE ROME.

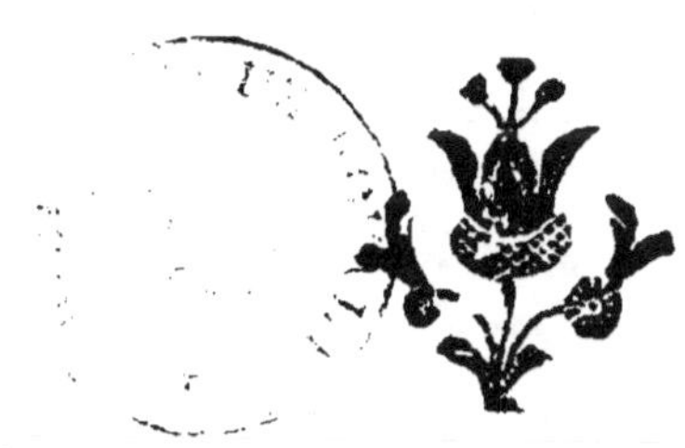

M. DCC. LXVIII.

EXTRAIT

D'UNE Lettre sur l'état actuel des Arts libéraux & méchaniques en Angleterre, écrite de Londres par M. PINGERON, Capitaine d'Artillerie au service de Pologne, à un Artiste à Rome.

LEs fréquens démêlés entre la France & l'Angleterre, l'opposition du caractère des Peuples qui habitent ces deux contrées, la rivalité, la concurrence dans les intérêts ont toujours excité la curiosité des deux Nations à l'égard de ce qu'elles pouvoient apprendre réciproquement sur le compte de l'une & de l'autre. Nous croyons donc faire plaisir à nos Lecteurs, en leur présentant l'Extrait d'un petit Ouvrage qui a pour objet : *L'Etat actuel des Arts libéraux & méchaniques en Angleterre.*

L'Auteur distingue judicieusement

la connoiſſance des beaux Arts d'avec
le goût, & quelquefois la manie qu'on
a pour eux. Il prétend qu'en général
les Italiens ſont les vrais connoiſ-
ſeurs ; qu'il y a des Amateurs en
France, & que le nombre de ces derniers eſt très-petit en Angleterre ;
enfin, qu'une manie, dont on ne
ſçauroit rendre compte, s'y eſt em-
parée de preſque tous les eſprits, puiſ-
que les Anglois achetent, dit-il,
*beaucoup de belles choſes, pour les ou-
blier, ou pour ne les communiquer à
perſonne.* Il fait cependant quelques
exceptions. M. P. refute, dans cette
Lettre, le préjugé qui règne depuis
long-temps en Europe, & même en
Angleterre, que les Peuples chez qui
le jugement eſt ſupérieur à l'imagination, ſont peu propres aux Arts ; il
cite les propres expreſſions de feu M.
Rouquet, célébre Peintre en Émail,
qui a écrit, d'après ce principe, ſur
l'état des Arts en Angleterre, il y a
environ dix ans. L'Auteur de cette
lettre répond ainſi à ſes objeċtions :
» L'Angleterre a produit d'excellens
» Poëtes ; elle en poſſéde encore plu-

» fieurs, parmi lefquels on diftingue
» M. Gray, fameux Poëte lyrique.
» Leurs Ouvrages font pleins de
» beautés, de détails & de peintures
» agréables. Les Anglois ont donc
» de l'imagination. C'eft donc mal à-
» propos qu'on leur applique l'axio-
» me, qui n'eft pas toutefois une
» première vérité : *Avec du génie il*
» *ne faut plus que de la patience ; les*
» *Anglois en font capables.*

L'Auteur recherche la véritable caufe qui a retardé le progrès des Arts en Angleterre, & qui s'y oppofe encore aujourd'hui ; il les réduit à quatre principales. 1°. Les guerres civiles, qui ont déchiré long-temps l'Angleterre, & pendant lefquelles les Peuples ne s'occupoient qu'imparfaitement *de la culture de leurs Terres & du travail de leurs Mines ;* 2°. le peu de confidération qu'on a pour un Artifte, fondée fur ce principe que : *Par-tout où le Commerce fleurit, les richeffes font une des principales diftinctions ; & les Arts n'étant pas la voie commune des richeffes, ils font moins diftingués de même que ceux qui*

A ij

les exercent ; 3°. les mauvaiſes études qu'on fait de la Peinture en Angleterre. 4°. Cet Art ſi noble y eſt regardé en général comme un métier méchanique. On met un jeune homme en apprentiſſage chez un Peintre, qui l'emploie le plutôt qu'il lui eſt poſſible, à lui gagner de l'argent, en le faiſant peindre, ſans ſçavoir preſque deſſiner. Le jeune Éleve perd ſon temps, & s'apperçoit toujours trop tard de ſon ignorance dans la partie du deſſein. Notre Auteur ſuit l'Artiſte Anglois dans ſes études en Italie, où il arrive ordinairement homme fait, & par conſéquent incapable de cette docilité qui met à même de profiter des conſeils.

M. P. profite de cette circonſtance pour nous donner un plan raiſonné des études qu'un Peintre d'Hiſtoire doit faire à Rome. « Étudiez, dit-il, » d'abord le Carache à la gallerie » Farneſe ; paſſez un an ou deux à y » deſſiner tous les jours ; rectifiez ſur » les chefs-d'œuvres de Raphael, qui » ſont au Vatican & à la Farneſine, » ce que vous aurez contracté d'ou-

» tré en copiant fervilement le Cara-
» che. Après avoir médité & tâché de
» faifir la belle fimplicité de Raphael,
» copié les plus fameufes ftatues anti-
» ques ; étudiez enfuite alternative-
» ment la Nature & l'Antique, vous
» acquerrez par-là ces belles formes,
» ces contours fçavans qui caractéri-
» fent les Ouvrages des grands Maî-
» tres. Quant à la couleur, comme
» les confeils & l'étude ne la don-
» nent point, & qu'elle eft un vérita-
» ble préfent de la Nature, choififfez
» parmi les tableaux des meilleurs
» Coloriftes, ceux qui vous plairont
» le plus ; apprenez cependant à lire
» dans leurs Ouvrages, c'eft-à-dire,
» mettez-vous au fait de la route mé-
» chanique, que ces hommes célé-
» bres ont tenue pour aller au fubli-
» me ; reftituez, pour ainfi dire, ce
» que les injures des temps ont dé-
» truit. On doit préférer le Titien,
» Paul Veronefe, le Guide, Rubens
» & Vandick ∝. Après ces notions
générales, M. P. parle des différens
genres de Peinture. Quoique la Religion faffe peu d'ufage en Angle-

terre, de la Peinture, pour fixer la dévotion des Peuples, & que les Peintres d'Hiſtoire aient rarement l'occaſion d'exercer leurs talens, il ſe trouve cependant pluſieurs Artiſtes qui courent cette carrière. L'Auteur nomme tous les Peintres célébres qui ſont nés en Angleterre, & qui ſe ſont fixés à Londres. **La Grande - Bretagne pourroit encore** réclamer M. Hamilton, Écoſſois, habile Peintre d'Hiſtoire, établi à Rome, & dont les talens ſont connus par ſix grands Tableaux tirés de l'Iliade. Ils ont été ſupérieurement gravés, ſous les yeux de l'Artiſte, par **M.** Cunego, Vénitien.

Avant que d'achever l'article des Peintres d'Hiſtoire, l'Auteur rapporte une anecdote qui fait connoître la façon de penſer des Peintres de Londres. Quoiqu'elle ſe trouve dans l'ouvrage de M. Rouquet, **M. P.** n'a pas cru qu'elle fût déplacée dans ſa Lettre. On ne ſçauroit trop répéter les belles actions. « On a établi à Londres, depuis quelques années, un Hôpital pour les Enfans trouvés ;

» un établissement si utile manquoit à
» cette grande Ville. Cet Hôpital,
» qui est un édifice très-vaste, a été
» érigé par la souscription de quel-
» ques Particuliers, qui souhaitoient
» qu'une pareille institution eût lieu.
» Le Roi d'Angleterre, Georges II,
» souscrivit pour une somme consi-
» dérable. Lorsqu'il fut question d'or-
» ner quelques salles de cette Mai-
» son, ceux qui la gouvernoient ne
» voulurent point y employer l'ar-
» gent de la charité. Les principaux
» Artistes de Londres, en tous gen-
» res, s'assemblerent, & convinrent
» de fournir chacun un ou plusieurs
» morceaux, qui serviroient à déco-
» rer les principales pièces de l'Hô-
» pital. Ce projet eut son exécution,
» & les pièces font aujourd'hui une
» espèce d'exposition publique des
» différens talens qui se trouvent en
» Angleterre ». Les Peintres en portraits & les Sculpteurs se signalerent
en même-temps, en faisant les portraits & les bustes des principaux
bienfaiteurs du nouvel établissement.

Après les Peintres d'Histoire, M.

A w

P. fait mention de ceux qui peignent les portraits à l'huile & au pastel; il saisit cette occasion pour rendre à M. Reynolds, célébre Artiste dans le premier genre, la justice qu'il mérite, autant par ses rares talens, que pour la maniere polie avec laquelle il reçoit les Étrangers. « Ce Peintre » habile & modeste a, dit-il, trouvé » l'art de faire de ses portraits au- » tant de tableaux intéressans ; il » habille volontiers les femmes » dans le costume antique ; ce qui » convient aux Angloises, qui sont » ordinairement des beautés régu- » lieres & séveres ». La couleur de M. Reynolds est belle, mais un peu su- jette à passer. Ses têtes sont gracieuses & remplies d'expressions & de fines- ses. M. Cols, célébre Peintre en pastel, tient un rang distingué dans la liste des Artistes fameux de Lon- dres. M. P. compare quelques-uns de ses ouvrages à ceux de la Rosalba Carriera de Venise, & de M. Latour, Peintre François, qui a excellé dans ce genre. L'Auteur observe, en pas- sant, que, quoique les Anglois n'es-

timent que ce qui eſt durable & ſoli-
de, ils accordent en général à M.
Cols tout l'éloge dont ſes grands
talens l'ont rendu digne. Viennent
enſuite les grands Peintres étrangers, qui ont fleuri en Angleterre
dans les derniers ſiécles, & dont les
ouvrages ont ſervi & ſervent encore
de modeles aux Artiſtes modernes.
On trouve parmi les premiers, les
Holbeins, les Lelly, les Rubens,
les Vandick, la Foſſe, Baptiſte & le
Chevalier Kneller.

Avant que de paſſer à la peinture
du payſage, M. P. fait cette remarque : « Les campagnes de l'Angleter-
» re ſont très-belles & très-agréables.
» Les Anglois s'y plaiſent beaucoup.
» On ne ſera donc point ſurpris qu'il
» y ait à Londres de bons Peintres de
» payſages. Les meilleurs ſont actuel-
» lement M. Wilſon & Barrett, dont
» le premier a ſur-tout une belle cou-
» leur & des effets ». L'Angleterre
eſt très-riche en tableaux des différentes écoles, ſur-tout en payſages.
On y trouve des Claude Lorrain,
des Guaſpres Pouſſins & des Verners

d'une rare beauté. Les Anglois ont plufieurs Peintres d'animaux , fur-tout de chevaux. M. Stubs eft le plus célébre , & peut-être le meilleur de l'Europe dans ce genre ; fon tableau de la Fable du cheval & du lion eft un chef-d'œuvre ; il vient d'être fu-périeurement gravé en *mezzo tinto* , ou maniere noire. Il y aura toujours de bons Peintres de chevaux en An-gleterre , pour deux raifons ; la pre-miere , parce que les chevaux font de la plus grande beauté dans ce pays , fur-tout ceux du Comté d'Yorck , les Anglois les aiment beaucoup , & même au point de les faire peindre. La feconde , c'eft que depuis un temps immémorial on peint les fa-meux courfiers qui ont remporté les prix à Newmarket , lieu célébre par les courfes de chevaux & par les paris.

Le nombre des Peintres de Marine eft confidérable en Angleterre. Ce genre y a été porté fort loin. On compte actuellement deux Peintres célébres. Leur principal mérite con-fifte moins dans l'ordonnance de leurs tableaux, que dans leur fidélité & leur intelligence à rendre les manœuvres d'un ou de plufieurs vaiffeaux, felon les vents. Les Armateurs Anglois font dans l'ufage de faire peindre les vaiffeaux qu'ils montoient, lorfqu'ils fe font diftingués dans telle ou telle circonftance. Le Peintre ne doit pas alors faire grace d'une poulie & d'un cordage. Tout ce qui tient à la navigation eft fi bien connu des Anglois, & fi intéreffant pour eux, qu'il n'eft pas poffible de leur en impofer.

Les Peintres en miniature & en émail tiennent auffi leur rang dans cette Lettre. On y parle avec éloge de MM. Meyreff & Hône. On rappelle les talens du célébre *Cooper* qui floriffoit du temps d'Olivier Cromwell. On remarque que malgré le grand nombre d'Emailleurs, l'avidité des Marchands qui les emploient pour orner les bijoux, les retient dans une forte de médiocrité. On émaille à Londres fur les métaux les plus communs, tels que le cuivre. M. P. n'oublie point de parler de la peinture *éludorique*.

il en détaille les procédés , & cet article qui eſt neuf n'eſt pas un des moins agréables de la lettre (*a*). Les

---

(*a*) Comme la ſingularité de ce genre de Peinture pourroit exciter la curioſité du Lecteur , M. P. a cru l'obliger en lui détaillant dans ſa Lettre tous les procédés qui y ſont relatifs. Avant que d'entrer en matiere , on remarquera qu'un des grands inconvéniens de la Peinture à l'huile conſiſte dans les changemens qu'éprouvent les couleurs , ſoit en ſe ſéchant , ſoit en pénétrant la toile. Les Peintres ſont obligés , pour ſe *raccorder* avec les couleurs employées la veille , de paſſer une éponge pleine d'eau ſur leur Tableau ; cet expédient anime les couleurs , pour le moment , & leur rend le premier éclat. Malgré ces précautions , il y a toujours des différences , inſenſibles à la vérité , dans un grand Tableau , mais qui pourroient être apperçues dans un petit portrait , & faire une eſpèce de tache. La Peinture à l'huile a cependant de grands avantages par ſa fraîcheur , ſon éclat & ſa durée , ſur la Peinture à la gomme : ne pouvoir point l'adapter aux petits morceaux eût été une imperfection de l'Art. Ces remarques ont fait naître l'idée de peindre dans l'eau , & par-là , d'avoir toujours les couleurs auſſi fraîches qu'elles l'étoient le jour où on les

Anglois n'ont fait jufqu'à préfent que des effais dans ce genre, & ils ont réuffi.

---

a employées. Il eft aifé de voir que ce procédé ne peut avoir lieu que pour un morceau d'une grandeur très-bornée. Voilà en deux mots ce que l'on appelle *la Peinture éludorique*, dont les details font les fuivans.

On place, dans le temps du travail, le petit Tableau foùs une eau très-limpide ; quelques Peintres fe fervent d'une plaque de cuivre, & d'autres, d'un morceau de taffetas imprimé à l'huile, extrêmement tendu fur une plaque fans y être collé. On fçait que les couleurs à l'huile s'attachent fingulierement fur la foye. (Les grands Maîtres de l'Ecole d'Italie s'en étoient déjà apperçus ; le fameux Saint Michel du Guide qui eft à Rome dans l'Eglife des Capucins, eft peint fur taffetas.) On adapte un rebord de cuivre d'environ deux lignes de haut pour contenir l'eau, enfuite, avec un pinceau ferme & très-fin, on prend les couleurs à l'huile. On voit par la tranfparence de l'eau l'effet du brillant du cryftal, & l'on met l'ouvrage au point où il doit être, en peignant toujours au travers de l'eau ; car autrement, comme on exclut ici tout vernis, il fe formeroit en retouchant fouvent des mats & des lui-

L'art de peindre fur le verre par tranfparence , comme les vitreaux des anciennes Cathédrales gothiques eſt connu en Angleterre , quoique l'on penſe dans la plus grande par-

---

ſans ; il arriveroit qu'avec beaucoup de peines & de ſoins , l'ouvrage rapporté ſous le cryſtal ſeroit en grande partie bien différent de ce qu'on l'auroit jugé. Il y a un choix à faire des couleurs. On ne doit point ſe ſervir de celles qui peuvent s'affoiblir ou ſe diſſoudre par l'humidité , comme les *ſtils de grain.* Le Peintre peut retoucher ſon Tableau , auſſi ſouvent qu'il le veut. L'eau ne laiſſe aux couleurs que l'huile néceſſaire pour les attacher & faire ſurnâger le ſurplus , en ſorte que cette Peinture n'ayant point cet excès d'huile , & ne ſouffrant aucun vernis , il n'eſt pas à craindre que les teintes puiſſent jamais ſe dégrader. Lorſque la Peinture eſt finie , on découpe le taffetas que l'on applique très-uni ſous un cryſtal de Roche , & on aiuſſe le tout dans ſon cadre , de maniere que l'humidité ne puiſſe pas pénétrer. Ce nouveau genre réunit tous les avantages que l'on peut deſirer. On en attribue l'invention à M. Vincent de Monpetit , Peintre François , qui en fit les premiers eſſais à Paris en 1758.

tie de l'Europe que le secret soit perdu ; on devroit dire plutôt qu'il a cessé d'être utile. Le Peintre le plus fameux dans ce genre, demeure à Oxford, & se nomme William Peckitt d'Yorck, & vient d'y peindre tout récemment dans un très - bon goût, les vitres de la Chapelle d'un Collège de l'Université. Les procédés de ce genre singulier par son ancienneté, sont détaillés dans le Dictionnaire d'Owen, à l'article de peinture sur le verre. Cette petite Encyclopédie en 4 gros volumes in- 8°. très-chargés, & un volume de figures, mériteroit d'être traduite en François : les Anglois en font un cas singulier, sur-tout pour la Partie des Arts.

La peinture à gouazze, occupe un article, de même que celle sur les étoffes de soie ; cette derniere fait une branche assez considérable de l'industrie des jeunes Demoiselles en Angleterre. L'Auteur de la Lettre parle de quelques secrets relatifs à cette peinture, & en dévoile trois qui sont les seuls qu'il connoisse.

Voici ce qu'il rapporte : « Quelques-
» unes ont le secret de peindre à l'hui-
» le ou à l'esprit de térébentine sur la
» soie, la couleur ne s'*emboit* pas dans
» l'étoffe, n'y fait point de tache, con-
» serve sa vivacité & résiste à la pluie.
» Les gommes que l'on emploie dans
» la maniere ordinaire, & dont bien
» des gens à talens font des mystères,
» sont, 1°. le sucre candi dissous dans
» de l'eau chaude, avec laquelle on
» délaye les couleurs. 2°. La gomme
» adragante très-difficile à faire dif-
» soudre dans l'eau bouillante, quoi-
» que mise en poudre impalpable; les
» couleurs s'employent chaudes. 3°.
» La gomme arabique ordinaire mise
» en plus grande quantité que pour la
» gouaze ou la miniature. Il faut obser-
» ver un juste milieu, si l'on met trop
» de gomme, les couleurs s'écaillent
» & s'emploient difficilement, si l'on
» en met trop peu elles s'effaçent. Les
» unes & les autres ne sçauroient ré-
» sister à la pluie; enfin le sucre can-
» di attire les mouches qui gâtent
» bientôt la robe & la peinture de la-
» quelle on s'en est servi ». C'est par de

pareils détails que notre Auteur a joint l'utile à l'agréable.

Il fait enfuite une efpece de differtation fur Hogarth, célébre Peintre Anglois que l'on peut regarder comme le Scarron de fon Art : il vient de mourir cet artifte dont l'imagination burlefque a fait la principale réputation, & dont le pinçeau a fervi à réformer les mœurs, ou du moins à corriger les ridicules : on pourroit dire de lui, *Pingendo caftigat mores*. On en a la preuve dans la vie, la conduite & la mort d'Harlotte en fix Tableaux qui ont été gravés. Cette jeune perfonne arrive à Londres avec de la beauté, une vieille proxenete la féduit : Harlotte s'abandonne au libertinage, brille pendant quelque temps, eft mife à Bridewell, (Maifon de force, jadis le Palais d'Henri VIII;) rentre dans le monde & y meurt d'une maladie affreufe qui eft le fruit de fon incontinence. Hogarth a encore peint la vie & la fin de l'*Apprentif diligent* & de l'*Apprentif pareffeux*, en fix Tableaux chacune. Le premier Apprentif devient *Lord-Maire* ou Gouverneur de la Cité de Londres , & le second est pendu à *Tyburn*. Les morceaux gravés & répétés dans la plûpart des Manufactures & des maisons des Artisans , frappent plus la jeunesse qu'un beau sermon, souvent au-dessus de sa portée. Notre Auteur donne l'analyse de quelques compositions d'Hogarth , sur-tout de celle qui est si connue sous le nom de *The old England's Roost beef*, le roti de l'ancienne Angleterre. Comme elle fut faite par un esprit de vengeance contre les François , & qu'elle prouve combien les grands hommes peuvent se prévenir mal-à-propos, voici l'histoire de ce Tableau singulier : Hogart ayant eu la fantaisie de faire un voyage en France, se rendit à Calais. La porte de cette Ville qui donne sur le Port lui parut pittoresque & propre à orner le fond d'un Tableau; il la copia sans malice. Des soldats qui s'en apperçurent, le suivirent comme un homme suspect. Hogarth monta ensuite sur les remparts , (il est actuellement défendu d'y aller) s'y promena quelque tems; frappé de la longueur de la Couleuvrine de Nanci qu'on a tranſportée à Calais, il la meſura. Ce fut alors que les ſoldats qui le ſuivoient de loin, l'arrêterent comme un eſpion. On mit Hogarth en priſon, mais ayant prouvé ſon innocence, on lui rendit bien-tôt après la liberté. Notre Artiſte conçut tant de dépit pour le traitement que ſon imprudence lui avoit attiré, qu'il repartit tout de ſuite pour Londres : il y compoſa ſon Tableau intitulé le *Roti de l'ancienne Angleterre.* On y voit un garçon Traiteur apportant à Madame *Grandſire* (fameuſe Aubergiſte de Calais, très-connue des Anglois,) dont l'adreſſe ſort de ſa poche, une piéce de bœuf roti de Douvres. Le poids énorme de cette piece de bœuf, oblige le garçon à fléchir, ſes genoux plient ſous le fardeau, un gros Moine vient au ſecours, & convoite le *rooſt beef* (bœuf roti). L'expreſſion de cette figure eſt admirable. De pauvres ſoldats François, mal vêtus devant leſquels ſe paſſe la ſcene, font tellement frappés de ce morceau fi friand pour les Anglois, que l'un d'entr'eux laiffe répandre le bouillon de fa foupe fans s'en appercevoir : la fentinelle eft fous les armes dans l'attitude d'un Maître de danfe qui va faire une capriole. Les foldats maigres & décharnés peuvent à peine fe foutenir fur leurs jambes; une foule de pauvres, dans l'état le plus affreux, les environnent & admirent le *rooft beef* : le Moine feul paroît vouloir s'en faifir : la porte fatale eft au fond du tableau, & l'on voit au travers quelques pratiques de la Religion Catholique que les Anglois & les Proteftans tournent en ridicule : c'eft d'après cette finguliere Eftampe que le peuple d'Angleterre qui n'eft jamais forti de fon ifle, juge les troupes françoifes & la France. Hogarth joignit la qualité d'Ecrivain à celle d'Artifte en donnant peu de temps avant fa mort, un Ouvrage plein de recherches intitulé : *Analyfe du Beau pour fervir à fixer l'idée indécife du Goût.* Il prétend que l'on peut tracer géométriquement un contour gracieux.

M. Pingeron parle encore de la maniere des Peintres Anglois qu'il dit être grande ; il vante fur-tout leur couleur ; (il ne fait mention que des Artiftes vivans) & dit que leurs Pay-fagiftes effacent tous les autres Pein-tres, malgré l'infériorité du genre. Il fe plaint du peu d'accès que les Artiftes ont chez les Grands, il ne parle qu'en général, & rend juftice aux perfonnes généreufes qui veulent bien leur communiquer ce qu'elles ont de plus rare.

Voici fes propres paroles : « Tout
» eft fermé dans ce Pays. Ces Ta-
» bleaux & ces deffeins que les Sei-
» gneurs Anglois ont achetés à grands
» frais en Italie & en France, vont
» pour l'ordinaire être oubliés dans
» leurs maifons ; car l'on fe vifite peu
» fur-tout à Londres. Les Artiftes
» ont rarement accès dans les Palais.
» Les Peintres de portraits font les
» feuls qui foient dans l'ufage de te-
» nir leurs Tableaux expofés dans
» une Gallerie où toutes les perfon-
» nes honnêtes peuvent les aller voir
» moyennant une petite rétribution

» pour le domeſtique qui les montre :
» c'eſt ordinairement un des amuſe-
» mens du matin pour les femmes
» élégantes : on diſſerte ſur les por-
» traits, & bientôt après ſur les per-
» ſonnes. On a remarqué que les jo-
» lies ne ſe preſſoient guères de retirer
» leurs portraits. Les Dames aiment
» beaucoup à ſe faire peindre. L'u-
» ſage de ſe donner réciproquement
» ſon portrait, a lieu même entre
» hommes : mais c'eſt toujours un
» portrait en grand. Les miniatures
» & les portraits en émail ſont regar-
» dés comme une grande faveur de
» même qu'en France ». L'Auteur
de la Lettre ayant appris qu'elle devoit être rendue, publique, y a joint
des notes pour expliquer tous les
termes techniques ou d'art, & il y
donne l'Abrégé de la vie des Peintres les plus célébres des différentes
Ecoles. Elles ſuffiſent pour en donner une idée diſtincte. Ces Peintres
ſont Raphael, le Correge, Anni-
bal Carache, le Dominiquain, le
Titien, Paul Veroneſe, le Guide,
Rubens, Vandick, Holbeins, Lelly,

Johnſto-

Johnston, le Chevalier Kneller, la Rosalba, la Fosse, le Guaspre, Claude Lorrain, Vernet, &c. Il a suivi le même plan pour la sculpture, la gravure, l'architecture & la musique. On trouve outre cela des notions sur les usages singuliers des Anglois. Enfin cet Ouvrage est plein de recherches instructives & amusantes.

La sculpture n'a pas fait d'aussi grands progrès en Angleterre que chez les Nations voisines ; les Artistes qui ont adopté ce genre, ont cependant plus souvent l'occasion d'exercer leurs talens, que les Peintres d'Histoire. Les Anglois sont dans l'usage d'élever des Mausolées dans leurs Eglises à tous ceux qui se font rendu célébres. D'ailleurs on aime beaucoup à Londres les belles chéminées de marbre blanc, composées dans un goût antique, c'est-à-dire, ornées de bas reliefs & d'arabesques. Elles se vendent jusqu'à cinq cens guinées. La patience de l'Artiste y brille souvent plus que son génie, tant l'ouvrage est bien fini. M. Wilton est le sculpteur

le plus en vogue, & qui a le plus
de talens. On rappelle ceux de
Cibber, Sculpteur Allemand qui a
fait ces deux belles figures qui font
couchées fur le fronton de l'Hôpital des Fous à Londres, & le bas re-
lief qui orne la principale face du
pied d'eftal du monument (colomne
de deux cens deux pieds de haut qui
a été erigée pour perpétuer le fou-
venir du terrible incendie arrivé à
Londres le 2e Septembre 1666).
Rifbrack Sculpteur Flamand, Shoe-
macker Allemand , & Roubiliac
Sculpteur François, occupent chacun un petit Article. L'Auteur de
la Lettre s'étend un peu plus fur Roubiliac qui eft mort depuis peu, Roubiliac, dit-il, les a tous effacés. Cet
Artifte avoit du génie, compofoit
avec feu , & mettoit en général trop
de mouvemens dans fes Ouvrages :
il avoit étudié le Bernin, & quelquefois fes contours font trop coulans.
On voit plufieurs beaux Tombeaux
par cet Artifte dans l'Eglife de Weftminfter, où l'on enterre les Rois &
autres pour de l'argent, malgré le pré-

jugé des Anglomanes qui n'ont jamais été en Angleterre. Le chef-d'œuvre de Roubiliac eft le tombeau d'une jeune femme de qualité enlevée à la fleur de fon âge. L'Artifte a repréfenté la mort, voulant frapper avec un dard cette jeune perfonne entre les bras de fon époux ; celui-ci veut écarter le coup funefte, ce qui fait allufion aux efforts que fit ce tendre mari pour arracher une époufe chérie des horreurs de la mort. L'Auteur paffe en revue les plus beaux maufolés qui font à Weftminfter, tels que ceux de Newton, du Chevalier Warren, de l'Amiral Watfon, du Capitaine le Hardi, &c. On apprend une chofe qui étonnera le Public, c'eft que le tombeau de Newton n'a point été élevé aux frais des Anglois, mais aux dépens de M. Conduit qui avoit époufé la niéce de ce grand homme. L'épitaphe du Philofophe n'eft point oubliée, on en rapporte une plus fimple & plus noble que l'Auteur de la Lettre a lue, elle eft écrite au crayon fur le maufolé de Newton. L'hommage que nous devons à ce grand Homme, nous engage à la rapporter: *Hic situs est Newton, si nescis hunc, abito* : ci gît Newton, si tu ignores quel est ce grand homme, retires-toi. Après les monumens de sculpture qui sont à Westminster, M. P. parle ainsi des Statues qu'on voit dans les places de Londres.

Quoiqu'il y ait beaucoup de belles places dans cette Ville, il y en a peu qui soient décorées de Statues; celles que l'on y voit n'ont rien de merveilleux, on vante cependant le cheval de Charles I, qui se trouve à Charringcrass, & qui est plein de feu. La figure de ce Prince infortuné a le mérite assez rare de la ressemblance. On dit à Londres que celui qui fit ce monument se donna la mort pour avoir oublié de marquer les sangles de la selle qui y manquent effectivement. La Statue équestre de Georges I, qui est toute dorée, n'a rien de surprenant; elle se trouve au milieu de Leycester-fields, près de Piccadilly, quartier de Westminster : cette Statue a de loin une très-belle apparence, & retrace l'idée de la fameuse Statue de Marc-Aurele Antonin qui est à Rome devant le Capitole.

On voit encore à Londres une seconde Statue équestre dorée dans la place de Grosvenorsquarre ; elle fut érigée en l'honneur de Georges I ; le cheval paroît cabré & fouler un Turc à ses pieds ; Peu de personnes en sçavent la raison ; cette Statue représentoit originairement Jean Sobieski, Roi de Pologne : le Turc terrassé faisoit allusion aux victoires que ce grand Prince avoit remportées sur les Infidéles. Quelque temps après la mort de Sobieski, les Polonois changerent de sentiment, & laisserent aux Fondeurs Anglois, la Statue de leur Roi. Les Anglois trouverent le moyen de l'adapter aux circonstances ; on fit des changemens dans la tête, ou l'on y substitua celle du Roi ; le Turc ne signifia plus que les ennemis de la Grande Bretagne, sous les pieds de Georges I. M. P. remarque que l'usage de dorer les Statues est très-ancien ; il en cite des exemples ; les différentes Statues antiques qu'il a vues à Rome, telles que Marc-Aurele Antonin, l'Hercule Coloffal en bronze qui eft au Capitole lui en fourniffent des preuves : il obferve encore que les peuples du Nord, tels que les Ruffes & les Polonois ont jadis porté très-loin l'art de dorer les Statues de bronze ; il appuie fon fentiment fur la Statue de Sigifmond Augufte, Roi de Pologne qui eft fur une colomne triomphale à Warfovie, & fur une boule de bronze doré d'un très-gros calibre qui fut enlevée en Ruffie par le grand Genéral Zamoysky, & placée fur le clocher de Zamofc en Ruffie Polonoife. La tradition apprend que la dorure qui couvre la Statue du Monarque, & cette boule de la principale Eglife de Zamofc, font de l'épaiffeur d'un ducat ou fequin (monnoie d'or valant 11 liv.)

La gravure qui peut être regardée comme une branche de la fculpture, a fait depuis quelques années des progrès étonnans à Londres. On en eft redevable à Hogarth. Ce Peintre voyant les Tableaux expofés à la

piraterie des mauvais Graveurs Anglois, invita les Peintres ses Con-
freres à solliciter au Parlement le
privilége exclusif de graver ou de
faire graver leurs ouvrages. Depuis
ce temps, le Peintre dirige la main
du Graveur , donne de l'effet aux
Estampes,& par ce moyen la gravure
est parvenue presque sur le champ à
une très-grande perfection. Ce sont
les Allemands & les François qui ont
porté la gravure en Angleterre. Quoique les manieres noires , *mezzo tinto*,
ayent un coup d'œil triste & sépul-
cral, cependant les Estampes de
Smidt , des Mac-Ardell, des Wou-
ton , bonnes épreuves sont très-re-
cherchées des connoisseurs. La gravure au burin se perfectionne chaque
jour de même que la gravure à l'eau
forte. On cite les belles Estampes de
M. Strange, célébre Graveur d'histoire d'après le Guide, le Correge &
Raphael ; l'Auteur n'oublie pas le
fameux M. Woollet, Rival de feu
M. Balechow , Graveur François
pour le paysage. Personne n'a jamais
mieux gravé ni traité les arbres que

l'Artiste Anglois & M. Vivarais refugié François, mais l'un & l'autre deſſinent foiblement la figure, ſi M. P. eût cru pouvoir mettre au nombre des Artiſtes Anglois, les Etrangers qui ſuivent à Londres la carriere des Arts; il auroit vanté les talens de M. Ravenet de Paris, célebre Graveur d'Hiſtoire actuellement le meilleur qui ſoit en Angleterre, & M. Bartholozzi, Italien; ce dernier deſſine bien, mais il manque un peu d'effet; il s'eſt particuliérement attaché aux ſujets de dévotion d'après le Correge & Carles Maratte. Ceux qui voudront ſe procurer de belles Eſtampes Angloiſes des meilleures épreuves, en trouveront à Paris, *chez le ſieur Leviez*, *rue Saint André des Arts*, *vis-à-vis l'Hôtel de Chateauvieux*, Cet Amateur poſſede encore une collection des plus précieuſes de deſſeins d'un Payſagiſte François nommé *Pillement* qui avoit beaucoup de talens, & qui a copié ſur les lieux les plus belles vûes d'Angleterre,

Le nombre des Graveurs en pier-

res précieuses, 'est considérable à
Londres; ils ont en général une belle
exécution, mais ils ne font pas tous
de la premiere force pour le deffein. La mort du fameux Daſſier de
Geneve, Graveur en Médailles, a
laiſſé un grand vuide en Angleterre.
M. Pingo jeune Artiſte Anglois,
un des Graveurs de la Monnoie à
Londres, marche à grands pas fur
ſes traces; il a une main admirable,
mais il feroit à defirer qu'il allât
paſſer quelque temps en Italie pour
y deſſiner d'après les plus belles antiques. Les Anglois faifiſſent très-
bien le genre de la médaille; ils ne
fortent jamais du Coſtume des An-
ciens. Les Marchands de Londres,
font fouvent frapper des médailles à
l'honneur des grands hommes, &
ils les vendent enfuite comme des
jettons. Cet ufage eſt plus raifonna-
ble que celui de certains Peuples chez
lefquels les jettons portent l empreinte
te des armes de l'opulent Particu-
lier à qui ils appartiennent. La médaille de Lord Cambden, Chan-
celier d'Angleterre, celle de M.

Pitt fervent à rappeller le patriotif-
me de ces deux grands hommes ; on
ne fçauroit payer un trop grand tri-
but à la vertu ; les plus petites oc-
cafions pour le faire ne devroient
jamais étre négligées.

Malgré le grand ufage de la cizelure dans la décoration des bijoux
& de l'Orfévrerie à Londres , il y a
peu d'habiles Cizeleurs. La raifon eft
la même que celle qui s'oppofe aux
progrès de la peinture en émail ; la
cupidité du Marchand. Il faut encore convenir que les Anglois font
naturellement trop impatients pour at-
tendre qu'un Artifte ait perfectionné
un morceau de cizelure. Ils veulent
jouir fur le champ , & fe fourniffent
prefque tous dans les boutiques. M.
Mozard, Anglois, s'eft fait cependant un nom célebre dans la cizelure.

L'Architecture eft celui de tous
les beaux Arts qui a fait depuis long-
temps le plus de progrès en Angleterre. Inigo Jones (*b*) le meilleur

---

(*b*) Inigo (Ignace) Jones nâquit en

Eleve de Palladio, le Chevalier *Chriſtophe Wren* qui a bâti la fameuſe

---

Angleterre en 1572. Il étoit fils d'un Fabricant de drap, & fut mis en apprentiſſage chez un Menuiſier. Quoiqu'il fût dans une ſituation auſſi obſcure, ſes talens ſe manifeſterent, au point qu'il fut connu d'un des plus grands Seigneurs d'Angleterre. Quelques-uns diſent que ce fut le Comte Arundel, mais le plus grand nombre penſe que c'étoit Guillaume, Comte de Pembroke. Un de ces Seigneurs envoya Inigo Jones en Italie, afin d'y apprendre le payſage pour lequel il paroiſſoit avoir du goût. Il réuſſit dans ce genre de Peinture, comme on peut le remarquer dans un Tableau de ſa compoſition que l'on garde à Chiſwick. La couleur en eſt cependant médiocre. Inigo Jones ne fut pas plutôt en Italie, qu'il ſe trouva dans ſa ſphère; il ſentit que la Nature ne l'avoit point formé pour décorer des Cabinets, mais pour élever des Palais. Il abandonna la Peinture, & conçut le projet de bâtir le Palais de White-Hall. Inigo vit en traverſant les Etats de Véniſe, les ouvrages de Palladio, & remarqua que le génie d'un Architecte pouvoit également ſe développer & briller dans d'autres Villes, que dans l'ancienne Capitale du Monde. On ignore comment ſes

B vj

Eglife Cathédrale de S. Paul, & celle
de Walbrook, ont décoré leur Patrie

---

talens le firent connoître dans ces contrées.
Sa réputation étoit si grande à Venife, &
s'étendit si loin que Chriftiern, Roi de
Dannemarck, l'invita à paffer dans fes
Etats, pour être fon Architecte. Nous ne
fçavons point quels font les édifices qu'il
fit conftruire chez les Vénitiens. Jacques I.
Roi d'Angleterre, trouva Inigo à Copen-
hague, & la Reine Anne fe l'attacha
comme Architecte pour l'Ecoffe. Il fervit
le Roi Henri avec le même zèle, &
montra le même talent. Il obtint la fur-
vivance de la place d'Arpenteur général,
& d'Intendant des Bâtimens. A la mort de
ce Prince Inigo Jones retourna en Italie, y
porta un jugement plus fain, & perfec-
tionna fon goût. Il eft à préfumer que ce
fut dans le temps qui s'écoula entre ces
deux voyages, qu'il bâtit ces édifices d'un
ftyle moins pur, & qui approchent beaucoup de ce que l'on appella *le Gothique du
Roi Jacques*. La place d'Intendant général
des Bâtimens étant venue à vaquer à Londres, Inigo Jones retourna en Angleterre, où il remplit fa nouvelle place
avec beaucoup d'intelligence & de définté-
reffement. Il fut nommé Commiffaire pour
la réparation de l'ancienne Cathédrale de
Saint Paul de Londres. Cet Artifte fit bâti

de plufieurs beaux monumens. Palladio eft très-gouté par les Anglois, on

---

Banquetting-Houfe, ou Palais pour faire les
feftins donnés aux Princes étrangers en
1619, qui eft un chef-d'œuvre de l'Art.
Inigo Jones bâtit en 1623 une belle Chapelle dans le Palais de Sommerfet, pour
l'Infante d'Efpagne que le Roi d'Angleterre devoit époufer. Cet Artifte fut con-
fervé dans fa place, lorfque Charles I.
monta fur le Trône. Ce Prince digne d'un
meilleur fort, tenoit une Cour brillante à
White-Hall, tous les Arts agréables fem-
bloient concourir à l'embelliffement des
fêtes que ce Monarque donnoit à fa Nation. Le Poëte Ben-Johnfon compofoit
les Drames; Inigo Jones étoit chargé des
décorations; Ferabofco & Lante le fai-
foient les fimphonies, & fe chargeoient
de l'exécution; la Reine & la jeune No-
bleffe danfoient dans les intermèdes. Inigo
Jones fut provoqué par Ben-Johnfon, &
fe brouilla avec lui. Notre Auteur, qui ne
fait ici que traduire, détaille tous les édifices conftruits par Inigo Jones. Ils fe trouvent en grand nombre, quoique plufieurs
de ceux que l'on attribue à ce grand
homme, ne foient que de fes Eleves.

Inigo Jones partagea les difgraces de
fon Maître, non-feulement parce qu'il
étoit fon favori, mais comme profeffant

ne peut trop les applaudir pour cette prédilection. Cependant leurs Archi-

la Religion Catholique & Romaine. En 1646 il fut condamné à une amende de 545 livres sterlings pour sa Religion. Une suite non interrompue de chagrins & de malheurs jointe aux infirmités inséparables d'une longue vieillesse, termina la vie d'Inigo Jones, le 21 Juillet 1651. Il fut enterré le 26 du même mois dans l'Eglise dite *Saint Bennet Paul's Wharf*, où le monument que l'on avoit élevé à sa mémoire, fut détruit dans le grand incendie de Londres.

Wite Hall qui avoit été commencé par Inigo Jones, fut presque détruit par un incendie arrivé en 1697; il n'est resté que la *Maison des banquets*, ainsi nommé parce l'on y traitoit autrefois les Ministres étrangers, & que la Cour y faisoit des banquets. Ce chef-d'œuvre d'Architecture fut interrompu par la mort de Charles I. qui vouloit en faire sa résidence. On voit au premier étage une Chapelle qui est desservie par vingt-quatre Chapelains tirés des Universités d'Oxfort & de Cambridge. Le plafond de cette Chapelle a été peint par Rubens. C'est par une fenêtre du Palais de *Wite-Hall*, qui est aujourd'hui murée, que l'infortuné Charles I. fut conduit sur l'échaffaut où ses Sujets lui firent trancher la tête le 4 Février 1659. Les élévations du Palais de Wite-Hall ont été gravées en quatre grandes feuilles par M. Miller.

tectes modernes font à Londres du lourd & du maffif, au lieu du mâle & du majeftueux, fans oublier les fenêtres à la Vénitienne. ; (*The Venetian Wuindows*). Les maifons des Particuliers font de la plus grande fimplicité, & prefque toutes fur le même plan ; elles font très-commodes dans leur petiteffe ; mais ceux qui les habitent jouiffent plus ou moins de tous leurs étages, & on pourroit dire avec M. Rouquet, que notre Auteur a fouvent cité, que les appartemens font diftribués verticalement en Angleterre, comme ils le font horizontalement ailleurs. Les toîts des maifons de Londres ne font point faillie fur la rue, fuivant un nouveau Bill du Parlement, & elles reffemblent beaucoup à celles de Naples que l'on croiroit n'être pas encore finies.

Ce que les Architectes Anglois entendent le mieux, eft fans contredit la décoration des jardins ; fi elle étoit compatible avec tous les climats. M. P. la trouveroit fupérieure à tout ce qu'il a vu dans ce genre.

Ce n'eſt autre choſe que la nature corrigée dans ce qu'elle peut avoir de trop agreſte. De beaux tapis de verdure nommés *boulen-greens*, environnés d'allées d'arbres plantées dans le *large* ; voilà toute la décoration. Il faut convenir que les beaux *boulen-greens* exigent un pays humide tel que l'Angleterre, la Flandre & la Hollande. Notre Auteur paroît faire peu de cas des parteres en *broderies* & des arbres qu'il appelle *mutilés en arcade*. Il n'aime la régularité dans la plantation que juſqu'à un certain point, & voudroit la bannir preſque entiérement dans les détails: ces parterres de Sybarites qui ſe font remarquer par leur régularité, ſeroient le ſejour de l'ennui, s'ils n'étoient égayés par une compagnie brillante : on ne ſe laſſe jamais d'admirer une belle forêt ; c'eſt dans les villes que l'art doit triompher.

On tient peu de compte à Londres des Architectes, quoiqu'il y en ait de fort bons, tels que MM. Adam, Mylne, Payne & Chambers. (C'eſt le ſecond de ces Artiſtes qui eſt chargé du fameux pont de *Blak-Friars* qui sera le plus beau de l'Europe, & qui est presque fini). Les Vitruves anglois sont en général peu considérés, parce qu'ils sont tous Entrepreneurs, & que dans un pays aussi commerçant que l'Angleterre, on met un *Marchand de Maisons* au niveau de celui qui fait tout autre négoce. On bâtit à Londres des Maisons pour 20 ans, 30 ans, &c. & il y a une compagnie, & même plusieurs, pour les assurer, moyennant une retribution annuelle. On appelle ces Compagnies *Fire Office*, parce qu'elles entretiennent une certaine quantité d'Ouvriers qui vont aux incendies pour en arrêter les progrès. On appelle ces Ouvriers *Fire-Men*, Hommes de feu. Ces Compagnies ont des pompes & autres machines distribuées dans tous les quartiers de Londres ; on les place ordinairement sous le vestibule des Eglises ; les incendies sont fréquens à cause de la quantité prodigieuse de bois qui entrent dans les édifices ; l'escalier est en bois, & toutes les chambres font boifées & parquetées avec beaucoup de foin.

La conftruction des vaiffeaux tient à l'Architecture confidérée fous le point de vue général de l'art de bâtir. On compte en Angleterre parmi ceux qui en font leur objet, des perfonnes d'un mérite diftingué, entre autres M. *Bird* à Chatham. Quoique les Anglois conftruifent avec plus de foin que la plûpart des François, ils ne font pas cependant affez injuftes pour refufer des éloges aux Conftructeurs François, fur-tout à ceux de la Marine Royale, dont ils n'ont que trop été à portée de voir les ouvrages. Les Conftructeurs des deux Nations fuivent des principes abfolument oppofés, foit pour la conftruction, foit pour la mâture. Il n'y a qu'un Etranger impartial & connoiffeur qui puiffe prononcer fur cette matiere importante. Notre Auteur avance fur la foi des Marins qu'il a confultés chez les deux Nations, que les Vaiffeaux François font en général plus fins; c'eft-à-dire, qu'ils tiennent mieux le vent, & qu'ils fout meilleurs pour la marche ; les Anglois au contraire marchent moins, mais ils portent davantage ; ils cherchent à gagner leur lenteur par beaucoup de mâtures. Comme les Vaisseaux Anglois, soit de guerre, soit de commerce, sont aussi plus courts que ceux de France, ils manœuvrent plus aisément, ayant une masse d'eau moins considérable à déplacer, en virant de bord. M. P. convient qu'on fait de bons & de mauvais vaisseaux en Angleterre comme ailleurs.

La musique que l'on exécute en Angleterre, dit notre Auteur, rapproche beaucoup de celle des Italiens. Les Anglois n'ont jamais eu de compositeurs célébres dont la réputation se soit étendue au-delà de leur Isle. Le fameux Georges Fridéric Handel (*d*) étoit Allemand. Les

____

(*d*) Georges-Frideric Handel, Ecuyer, nâquit en Allemagne le 25 Février 1684, & mourut à Londres le 14 Avril 1759. Il fut enterré à Westminster. Les Anglois lui ont fait élever un Mausolé qui est le dernier ouvrage de Roubiliac, Sculpteur François. Au lieu d'une longue & en-

meilleurs Muſiciens de l'Opéra de Londres ſont encore des Italiens. On diſtingue parmi eux le ſieur Giardino, célebre violon. Quant aux petits airs qui ſont à proprement parler la Muſique du Peuple, il y en a de très-agréables & de très-vifs ſur-tout ceux des danſes de la campagne que l'on nomme *Country dance*, qui ont été adoptées par les Peuples voiſins. Les airs Ecoſſois ont une grande vogue en Angleterre ; leur réputation a donné lieu à des diſſertations également inſtructives & amuſantes. » Les Ecoſſois, dit notre Auteur, » qui ont ſuccédé aux Pictes & aux

---

nuyeuſe Epitaphe, on a gravé ſur un rouleau déployé ces paroles (*I know that my Redeemer liveth,*) *J'apprends que mon Rédempteur vient de naître,* tirées du célebre *Oratorio* d'Handel, intitulé *the Meſſiah,* le Meſſie. Un pareil éloge rappelle les funérailles de Raphaël. On plaça devant le cercueil de ce grand Peintre ſon fameux Tableau de la Transfiguration, pour lui tenir lieu d'Oraiſon funébre. Handel a une ſtatue de marbre à Vaux-Hall, lieu de délices connu de tout le monde.

» Calédoniens , ont depuis un temps
» immémorial , une langue & une
» poësie particuliere connue sous le
» nom de *Poësie Erse*. Leurs an-
» cêtres avoient aussi une Musique ;
» c'est où gît la difficulté. On de-
» mande si cette Musique n'a jamais
» souffert d'altération , sur-tout lors-
» que David Rizzio, Musicien Italien,
» fut appellé à la Cour de Marie-
» Stuart, Reine d'Ecosse. Cet hom-
» me, célebre par ses talens & par ses
» malheurs, eut une très-grande part
» à la faveur de cette Princesse, dont
» la mort ternira toujours la gloire
» d'Elizabeth, Reine d'Angleterre. Il
» y a grande apparence que l'on com-
» posa dès-lors de la Musique en
» Ecosse , suivant le goût dominant à
» la Cour, mais ce point n'est pas
» encore décidé. Je remarquerai,
» avant d'achever cet article de la
» Musique que les Anglois sont dans
» un usage qui prouve combien ils
» réfléchissent jusques sur les choses
» qui paroissent de la plus petite im-
» portance. J'ai déja dit que Hogarth
» avoit fait servir la peinture à cor-

» riger les mœurs ; la Musique mili-
» taire sert ici à augmenter le cou-
» rage, & à rappeller aux troupes la
» gloire dont elles se sont couvertes
» dans telle ou telle bataille. Lors-
» qu'un Régiment se distingue dans
» une action : on fait une marche à
» laquelle on donne le nom du lieu
» où s'est passé l'affaire ; le Régiment
» l'adopte pour lors, & ne sçauroit
» marcher sans que la Musique ne
» lui rappelle les belles actions qu'il
» fit dans un tel temps, & qu'il doit
» conserver sa gloire. Les Gardes
» Angloises se distinguerent au siége
» de Belle-isle dans la derniere guer-
» re ; on composa pour elles la mar-
» che de Belle-isle, *the belle-isle march.*
» Elle devint celle des trois Régi-
» ments des Gardes qui s'en servirent
» pour la premiere fois à la revue de
» *Hyde Parck* le 27ᵉ Juin 1763. Le
» peuple Anglois est si enthousiaste
» pour cet air qui lui rappelle ses
» avantages, qu'il interrompt sou-
» vent les Orchestres des Spectacles
» pour le demander ».

Quoique les Angloises n'ayent pas

beaucoup de voix, elles ont cependant de l'oreille & chantent avec goût. Il y a toujours dans les Spectacles Anglois une Cantatrice de la Nation pour y chanter quelques Ariettes. Celle qui eſt actuellement au Théâtre de Drury-Lane a beaucoup de réputation. Les Anglois tiennent, pour la Muſique, un peu des Allemands de qui la plûpart tirent leur origine, ils aiment paſſionnément les inſtrumens à vent ; quelques-uns s'amuſent à jouer du violon : La plûpart des jeunes *Myſſ*, ou Demoiſelles, touchent du claveſſin, deſſinent & cultivent les Langues étrangeres, telles que l'Italienne & la Françoiſe. Les Facteurs d'inſtrumens en Angleterre excellent, pour la plûpart ; on vante ſur-tout les fluttes & les guitarres. On vient d'imaginer une nouvelle méthode pour attacher les cordes d'un inſtrument, de maniere qu'elles ne puiſſent pas ſe relâcher. *L'Harmonica*, ou Concert exécuté avec des verres, eſt une nouvelle découverte en Muſique ; on en eſt redevable à un Parti-

culier de Londres plein d'invention,
mais qui étoit très-sujet à boire, il
mit le feu à sa maison étant yvre, &
périt il y a quelques années.

Tous les Arts qui ne demandent
guères que la main, sont portés en
Angleterre à un point que Paris n'é-
gala jamais, ou n'égaleroit qu'avec
beaucoup de peine. On travaille su-
périeurement l'or, l'argent, l'acier,
le cuivre, le crystal, le cuir, les laines & les soyes ; mais si l'on excepte
les draps, c'est presque toujours sans
goût. Pour faire du délicat & du
léger, on fait du maigre. Par exemple, l'Orfévrerie est à Londres d'un
fini & d'un poli surprenant; mais elle
est en général d'un mauvais genre.
Les Italiens traitent bien l'argenterie
d'Eglise; les François celle de table,
& les bijoux en général. Notre Auteur présume que l'argenterie faisant
une très-grande richesse, elle devroit
être traitée dans un goût un peu so-
lide. Si l'on a saisi le vrai genre de
l'Orfévrerie à Paris, il resteroit encore à se débarrasser, dans certains
cas, de ces formes absurdes & bi-

sarres

farres imaginées par la Joue, Meffo-
nier-Oppenord, qui les avoient peut-
être apportées d'Allemagne, où elles
font goûtées depuis un temps immémorial. Il conviendroit encore de
profcrire ces formes quarrées & trop
aufteres qui font reffembler un petit
vafe, une tabatiere, ou tout autre
bijou, à un modèle d'Architecture.

Les Anglois compofent joliment
leurs deffeins pour les ouvrages en
fer & en acier, tels que les grilles
pour brûler du charbon de terre dans
les maifons riches, & les chaînes de
montre. Il y a un temps confidérable
que l'Horlogerie Angloife jouit
d'une grande célébrité ; mais celle
de France balance fa réputation pour
la folidité des pièces & la précifion,
& l'emporte enfin par la richeffe, la
beauté & l'élégance de la forme des
boëtes de montre, ou des pendules.
Cet avantage eft dû en partie aux
foins & au goût de MM. le Paute, Hor-
logers du Roi à Paris. Il faut cependant convenir que les découvertes
véritablement importantes en Horlogerie femblent être réfervées à la
feule Nation Angloife. M. Harri-

fon , Inventeur du Pendule compofé, & de l'Horloge marine, (*the
time Keeper*,) pour trouver la longitude en Mer , nous en fournit la
preuve (*e*). Les inftrumens d'Optique & de Mathématique , de même
que ceux qui fervent aux expériences
de Phyfique , font portés à Londres
au plus haut dégré de perfection &
de précifion, mais ils fe vendent trèscher. L'Horloger le plus en réputation à Londres , eft M. Marie, Réfugié François. Les plus fameux Fabricateurs d'inftrumens de Mathématique , font Meffieurs Benjamin
Martin , Adams , Cole , &c. Pour
l'Optique, Meffieurs Dollond, Pierfinck & Ramfdem, & plufieurs autres. Les nouvelles Lunettes acromatiques inventées en Angleterre,
font recherchées par toute l'Europe.
Les Opticiens de Londres ont à
peine à fournir à toutes les demandes qu'on leur en fait. Ces Lunettes
fi utiles dans la pratique de l'Aftronomie & de la Navigation, ont la
propriété de repréfenter les objets

____

(*e*) Tout le monde ne fera pas de l'avis
de M. P.

fans iris, c'eft-à-dire, fans qu'il participe des couleurs de l'arc-en-ciel, comme dans les Lunettes ordinaires ; on attribue cette propriété au verre qu'on employe à cet effet, on le nomme *the flint Glaß*. La préparation eft nouvelle. On taille très-bien le verre en Angleterre, cette matiere eft elle-même d'une qualité fupérieure à celle de toutes les autres Nations, par fa tranfparence & fa dureté. Si l'on faifoit des Luftres d'un meilleur goût en Angleterre, & à meilleur marché, il eft hors de doute que l'Europe fe fourniroit de Luftres & de Cryftaux à Londres. Bien des gens prétendent que ce font les Réfugiés François qui ont apporté dans la Grande-Bretagne l'art de préparer & de tailler le cryftal, avec celui de faire le fer blanc.

L'Imprimerie confidérée felon fon objet, eft, fans contredit le premier des Arts, puifqu'il tranfmet à la poftérité toutes les connoiffances humaines (*e*) ; mais fi nous n'envifa-

---

(*e*) *Quas Artes celebrant Marmor, color, ara perennis,*
Jure prait cunctis nobilitate Typus. M. Thibouft, dans fon Poëme fur l'Imprimerie.

geons que le méchanisme, elle suppose moins de talens que certaines professions. Nous pouvons donc la placer, dit l'Auteur de la Lettre, après l'Horlogerie. Les Anglois ont fait de grands progrès dans l'Imprimerie depuis plus d'un siécle. Les belles Editions des Auteurs Grecs & Latins qui sont sorties des Presses d'Oxford, de Cambridge & de Glascow en fournissent la preuve. Les Imprimeurs établis dans ces différentes Villes, ne le cédent point en talens à leurs Prédécesseurs, ils les ont même surpassés. On croit pouvoir avancer, sans être contredit, que les Editions données dernierement par M. Baskerville (*f*) à Bir-

----

(*f*) M. Baskerville fait non-seulement les poinçons de ses caractères, jette ces derniers en fonte, mais il prépare son papier & imprime lui-même. Il posséde l'art de donner au papier le même lustre qu'à celui de la Chine. Voici les paroles de M. P. sur ce secret : *Je serois tenté de croire que M. Baskerville parvient à donner ce beau lustre au papier, en le faisant passer un peu humecté avec de l'eau d'alun entre deux cylindres de bronze placés horisontalement, comme dans les presses des Imprimeurs en Taille douce. Le cylindre supérieur est*

mingham, & Messieurs Foulis (*g*) à Glascow , & par plusieurs Imprimeurs de Londres, l'emporteroient sur celles que l'on fait aujourdhui dans les autres Pays, s'il y avoit un peu plus de goût dans l'arrangement des Titres. Les Imprimeurs & les Libraires de Londres sont la plûpart très-aisés ; leur fortune est , comme partout ailleurs, en raison *inverse* de celle des Auteurs. On peut voir dans le Journal étranger, du mois de Juin

creux, & reçoit une barre de fer rouge , il produit alors l'effet du fer à repasser sur le linge & sur le papier , à qui il donne une sorte de lustre. On imprime vraisemblablement tout de suite , tandis qu'il reste encore un peu d'humidité. Cette opération ne peut se faire que sur du fort papier , & peut-être préparé différemment que l'autre. Telles sont ses conjectures. Les plus belles Editions de M. Baskerville sont la fameuse Bible, Virgile , Milton , l'Analyse des Loix d'Angleterre par M. *Black-Stone*, & quelques Pièces fugitives. L'Université de Cambridge a acheté très-cher les poinçons de M. Baskerville.

(*g*) Messieurs Foulis de Glascow ont imprimé une belle suite des Auteurs Latins ; ces chefs d'œuvres de Typographie se trouvent à Paris, chez M. Prault le jeune , à la descente du Pont-Neuf.

1756, une Lettre de Pope traduite par l'Auteur de la Lettre dont nous donnons l'Extrait, elle commence en Anglois par ces mots : *If your mare could speack*. On lira avec indignation de quelle maniere les Libraires agiffent à Londres à l'égard des Sçavans, & des Gens de Lettres.

On imprime fupérieurement la toile en Angleterre, c'eft ainfi que fe font ces belles *Perfes Européennes*, que l'on nomme communément *les Angloifes*. Le commerce des Toiles peintes eft immenfe à Londres; les rues d'Holbourn & de Cheap fide, qui font très-longues, font prefque toutes remplies de Marchands d'Indiennes. On fe fert de planches de cuivre pour imprimer, & quelquefois de planches de bois. Par la première méthode, les deffeins viennent toujours plus nets. On fait auffi de jolis papiers veloutés qui font connus par toute l'Europe, on verra les détails des procédés dans la Lettre que nous analyfons.

On fupplée encore à Londres à la Sculpture des ornemens avec du carton moulé, fuivant toutes

les formes ; on l'applique bien fec
fur les panneaux que l'on veut décorer ; on les y retient avec de petites pointes de fer, & l'on dore le
tout fur place : cela produit un joli
effet, qui eft peu coûteux. Comme
tous ces procédés font des fuites de
l'Impreffion, notre Auteur a cru de-
voir tout ranger fous le même article
de l'Imprimerie. Les Manufactures
de porcelaines établies en Angleterre
fe diftinguent, fur-tout celles de
Chelfea. On y a trouvé l'art d'imprimer les deffeins ; on en verra le
fecret dans la Lettre, de même que
dans l'Ouvrage de feu M. Rouquet,
d'où il a été tiré.

La Coutellerie fait encore un objet
confidérable de Commerce chez les
Anglois ; le plus célèbre Ouvrier
Anglois dans ce genre, eft M. Gray,
dans le quartier de *Golden Square* à
Londres. Quant aux Métiers pure-
ment méchaniques, il eft certain que
l'on travaille mieux en Angleterre
que par-tout ailleurs, pour deux raifons. 1°. L'Ouvrier Anglois eft
doué d'une patience, & d'une adreffe
fingulieres. 2°. Il eft toujours très-

bien payé. Il y a une très-grande différence entre les ouvrages fabriqués à Londres, & ceux qui se font dans les Provinces d'Angleterre. On vante cependant avec justice les Manufactures de Birmingham pour la quincaillerie & les outils, & celle de Liverpool pour les limes. La réputation du fameux Typin, Ouvrier en limes mort depuis quelques mois, ne s'altérera jamais. Il y auroit de l'injustice de tout accorder à l'industrie des Anglois, & à la générosité de leurs Mecènes, une foule de choses tiennent à leur sol. Par exemple, l'acier se trempe beaucoup mieux chez eux que dans les autres Pays : il y devient donc susceptible d'un plus beau poli. Les pierres dont on se sert pour polir, sont d'une qualité très-supérieure à toutes les autres. Les outils excellens contribuent à faciliter, & à perfectionner les opérations des Ouvriers.

Ces laines si fameuses, qui sont la véritable richesse de l'Angleterre, ne sont peut-être aussi douces & aussi parfaites, que parce qu'elles sont dégraissées avec une terre à foulon que l'on trouve dans le Pays, & dont les propriétés font merveilleufes : *Non omnis fert omnia tellus.*

Les Manufactures d'étoffes d'or, d'argent & de foye établies à Londres dans le quartier de *Spital Fields*, qui fut affigné en partie aux Réfugiés François par le Roi Guillaume, ont été portées à leur plus haute perfection pour la bonté & la folidité ; mais les deffeins font en général furannés, & fouvent copiés d'après ceux des Manufactures de Lyon. Les couleurs ne font pas abfolument belles, & paffent très-facilement. Les étoffes font prodigieufement cheres, & fe confomment dans les poffeffions Britanniques ; on doit excepter les belles Moëres qui fe vendent dans toute l'Europe. Le Gouvernement ne néglige rien pour perfectionner cette branche de l'Induftrie, & pour que les Ouvriers ne foient point en proye à l'avidité odieufe du Manufacturier. Le plus beau deffein de Fabrique eft récompenfé par l'Etat, de la maniere la plus généreufe, les hommes comme les femmes font admis au concours : on ne préfume pas, comme à Lyon, que les hommes feuls doivent être en poffeffion de cette petite partie de la Peinture, tandis que le Sexe qui a le goût en partage, fur-tout celui de la parure, compte nombre de femmes qui fe font diftinguées dans le grand genre de l'Hiftoire, la Miniature, le Paftel, les Fleurs. Mademoifelle Merian, Hollandoife, dont les ouvrages font tous au *Mufeum* de Londres, & Mademoifelle Baffeporte, Madame Vien, de l'Académie Royale de Peinture, fe font fait & foutiennent un nom célèbre dans cette derniere carrière. Les Lyonnois ont encore fous les yeux des Tableaux peints par Mademoifelle Stella, dans plufieurs Eglifes de leur Ville. Les Manufactures de draps fe diftinguent toujours par la beauté & la bonté des laines que l'on y employe, cet avantage tient au fol; on ne réuffit guères à teindre en couleur fine, fi ce n'eft en bleu.

Pour ce qui eft des Manufactures d'ouvrages de goût nous remarquerons, avec notre Auteur, que les Arts ne s'établiffent pas pendant un siécle, dans un Pays où l'on se communique peu au point d'influer jusques sur les Manufactures, il faut un temps plus considérable. Résumons de ce que je viens d'analyser que, suivant M. P. Rome est la vraie patrie des Artistes; Paris, le lieu où ils jouissent de la plus grande considération; enfin que l'Angleterre est le Pays où ils sont le mieux payés.

Quant aux Artistes du second ordre, & aux Artisans, notre Auteur conclut & finit en disant, qu'un Artisan qui réuniroit le goût de certains Italiens & de plusieurs François, avec la patience & l'adresse des Anglois, seroit un homme accompli.

L'Auteur ne prétend point garantir son opinion, & manquer à personne, comme le prouve l'Epigraphe qui est à la tête de sa Lettre : *Sublato jure nocendi.* Voici même le début de cet Ouvrage : *Je n'ai point la vanité de prétendre que mes éloges ou mes censures soient sans appel ; je ne puis que me louer des Anglois, & j'avoue que l'on n'a pas en France une idée juste de leurs talens.* Il seroit à desirer que l'Auteur rendît public son Voyage de l'Europe, où il a eu particulierement en vûe l'état des Arts & de l'Industrie des différentes Nations. La longue analyse que nous avons faite de la Lettre, prouve le cas que nous en faisons. Nous renvoyons nos Lecteurs à l'Ouvrage qui va paroître, & qu'on trouvera chez tous les Libraires de Paris qui tiennent les nouveautés ; ils y verront des détails sur une foule de procédés inconnus en France, & qui sont également agréables & utiles.

Les Notes sur les différens Artistes Italiens, Flamands & François dont il est parlé dans sa Lettre, sont toutes également intéressantes & instructives pour le Lecteur, de même que celle des Monumens de Londres, & les lieux voisins, tels que *le Monument*, *White - Hall*, *New-Marcket*, *Waux-Hall*, *&c.* Il seroit à desirer que tous ceux qui nous donnent des Relations, ne les fissent que sur les lieux dont ils parlent.

FIN.

www.ingramcontent.com/pod-product-compliance
Lightning Source LLC
LaVergne TN
LVHW021806170726
843503LV00007B/3057